CB120865

FRANCISCO CÂNDIDO XAVIER
EURÍCLEDES FORMIGA

POEMAS
por Espíritos diversos

MAIS VIDA

CEU
FEB

Copyright © 2014 *by*
FEDERAÇÃO ESPÍRITA BRASILEIRA – FEB

Direitos licenciados pelo Centro Espírita União à Federação Espírita Brasileira

CENTRO ESPÍRITA UNIÃO – CEU
Rua dos Democratas, 527 – Jabaquara
CEP 04305-000 – São Paulo (SP) – Brasil

1ª edição – Impressão pequenas tiragens - 10/2022

ISBN 978-65-5570-476-1

Todos os direitos reservados. Nenhuma parte desta publicação pode ser reproduzida, armazenada ou transmitida, total ou parcialmente, por quaisquer métodos ou processos, sem autorização do detentor do *copyright*.

FEDERAÇÃO ESPÍRITA BRASILEIRA – FEB
SGAN 603 – Conjunto F – Avenida L2 Norte
70830-106 – Brasília (DF) – Brasil
www.febeditora.com.br
editorial@febnet.org.br
+55 61 2101 6161

Pedidos de livros à FEB
Comercial
Tel.: (61) 2101-6161 – comercial@febnet.org.br

Dados Internacionais de Catalogação na Publicação (CIP)
(Federação Espírita Brasileira – Biblioteca de Obras Raras)

X3m Xavier, Francisco Cândido, 1910-2002

Mais vida / por Espíritos diversos; [psicografado por] Francisco Cândido Xavier e Eurícledes Formiga. – 1. ed. – Impressão pequenas tiragens – Brasília: FEB; São Paulo: CEU, 2022.

80 p.; 17,5 cm

ISBN 978-65-5570-476-1

1. Poemas. 2. Obras psicografadas. I. Formiga, Eurícledes (José Eurícledes Ferreira), 1924-1983. II. Federação Espírita Brasileira. III. Título.

CDD 133.93
CDU 133.7
CDE 80.04.00

Sumário

SEGUNDA PARTE
Eurícledes Formiga

CAPÍTULO 6

PRIMEIRA PARTE

Francisco Cândido Xavier

Mais vida

Poetas voltam em bando,
De alma contente ou sofrida,
Nestas páginas cantando,
A exaltação de outra vida.

Amigos todos... Quem são?
Falam de espinhos e flores...
São astros do coração,
Nossos irmãos trovadores.

Que desejam? É verdade...
Eles procuram apenas
Transmitir à Humanidade
Mais luz nas provas terrenas.

Mensagem do Bem a expor
A estrada em que se conduz
É livro de mais amor
Para a união com Jesus.

Leandro Gomes de Barros
Uberaba (MG), 21 de fevereiro de 1982.

CAPÍTULO 1

Canteiro de rimas

Quem ama não desanima.
Por mais dor na alma sincera,
O amor se faz esperança
Onde a razão desespera.

*

Avarento – homem sozinho
Que não ajuda a ninguém,
Reduzido a carcereiro
De toda a prata que tem.

*

Aviso da experiência
Que não se deve omitir:
Quem descobre a ingratidão
Não desejava servir.

*

Fortuna é uma deusa antiga
Que só defende e tutela
Quem sabe tê-la, servindo,
Mas trabalhando sem ela.

*

Fraternidade real
É luz de Deus na pessoa;
Jamais condena, auxilia...
Não censura, aperfeiçoa

*

A vida é longa viagem
Que se faz, de prova em prova...
Em toda estrada que finda,
Começa uma estrada nova.

*

Quanta gente chora rindo,
Soluçando a gargalhar!...
Onda rendada na areia
Não mostra o fundo do mar.

BENEDITO CANDELÁRIA IRMÃO

CAPÍTULO 2

Trabalho e perdão

Quem busque a paz com Jesus
Esteja de sobreaviso,
Entendendo e desculpando
Quantas vezes for preciso.

*

Todos nascemos na vida,
Bela e sábia, nobre e imensa;
Trabalho de cada um
É que faz a diferença.

*

No serviço do Evangelho
Vejo esta regra, a contento:
Quanto mais dificuldade
Maior o merecimento.

*

Do Além, a vida na Terra
Quando amargosa e insegura
Por mais longa nos parece
Ligeira estação de cura.

*

Quem golpeia está comprando
De espírito desregrado
O próprio desequilíbrio
Por tempo indeterminado.

Chiquito de Morais

CAPÍTULO 3

Trovas-Conceitos

Pensamento claro e breve
Para a vitória do bem:
Ter aquilo que se deve
Sem prejuízo a ninguém.

*

Ensinamento da vida,
Tão simples quanto invulgar:
Saber calar para ouvir,
Ouvir e saber calar.

*

Sugestão iluminada
Nesta sentença concisa:
Quem faz tudo quanto quer
Não faz sempre o que precisa.

*

Amor algemado à forma,
Em qualquer lance da estrada:
Um veneno capitoso
Em porcelana dourada.

*

Lição que, por toda parte,
Pressinto quando não vejo:
Melhor desejo sem posse
Que a posse sem o desejo

Chiquito de Morais

CAPÍTULO 4

Motes da palavra

Onde o bem se concretiza
E o mal se mostra em desmando,
Quem bate acaba perdendo,
Quem sofre acaba ganhando.

*

Conversa – alimento e força,
Pão vivo em que te repartes –
É a arte número um
De todas as outras artes.

*

Guarda contigo este mote
Por alentada conquista:
Silêncio nos acoberta,
Palavra nos põe à vista.

*

Quem delibere servir
Não deixe de observar
Cada palavra a seu tempo
Cada assunto em seu lugar.

*

Princípio justo e conciso
Nesta nota clara e breve:
Quem cala quando é preciso
Sabe falar quando deve.

*

No santo esforço do bem,
Nunca discutas em vão,
Só vale nas boas obras
O jogo da construção.

PEDRO SILVA

*

Por tudo o que nos
concedes
louvado sejas, Senhor,

*

Melhor desejo sem
posse que a
posse sem o desejo.

*

O doce consentimento
de ofertar o
abraço amigo.

*

Médium que deixa
o serviço, entra
em novo compromisso.

*

Seguir, vereda acima,
lenindo as
dores de alguém.

*

Mediunidade
guardada
não auxilia ninguém.

CAPÍTULO 5

Cantigas de pensar

O amor em todo o Universo
Mostra uma lei singular:
Quanto mais alto se eleva,
Mais desce para ajudar.

*

"Quem espera, diz o povo,
Às vezes tão só se cansa."
Entretanto, ai de nós todos
Se não houvesse esperança.

*

Entusiasmo demais
Acaba quando começa.
Água fervendo no fogo
Faz-se vapor mais depressa.

*

De todos os bens, aquele
Que nenhum mal aniquila
É a doce felicidade
Da consciência tranquila.

*

Amor quando verdadeiro
Nunca se nega ou desdiz,
Mais apoia o ser amado
Quão menos o vê feliz.

*

Subidas? Vê como sobes
Na pressa que te conduz,
A do Cristo foi aquela –
Martírio, calvário, cruz

JOVINO GUEDES

CAPÍTULO 6

Progresso na Terra

Terra, – teatro de arena
Para a vida, um drama infindo...
Quem nasce desponta em cena
E os que morrem vão saindo...

PEDRO SILVA

*

Progresso, – inventos em bando,
Ação de poder tremendo,
Tantas máquinas brilhando
E tanta gente sofrendo.

ORMANDO CANDELÁRIA

*

Ateísmo e negação?
Guarda a fé no Eterno Bem.
A Terra avança no Espaço
Sem pedir conta a ninguém.

JUCA MUNIZ

Sem Deus, o progresso é assim:
Grandeza de povo a povo...
Depois, é a guerra no fim,
Rogando o início de novo.

Roberto Correia

*

Abismo em que me aprofundo
E nem sei como transpor:
Tanto amor livre no mundo
E há tanta falta de amor.

Bóris Freire

*

O mundo brilha e caminha,
Exalta-se a multidão...
Mas quanta gente sozinha
Por dentro do coração.

Oscar Batista

*

Progresso na Humanidade
Por mais troféus amontoe,
Eu sinto enorme saudade
Do amigo carro de boi.

Cornélio Pires

*

Do mundo, no grande alarme,
O que mais me causa horror
É pensar em reencarnar-me
Para viver sem amor.

Lulú Parola

*

De evolução sobre a Terra,
Tanta luz que se armazena
Para a grandeza da guerra,
Eu não sei se vale a pena.

Silveira Carvalho

*

Mundo perfeito ou imperfeito,
Se eu cantar como puder,
Tendo a viola no peito,
Aguento o que Deus quiser.

Aderaldo Ferreira de Araújo

*

Do terrestre bem-estar
É só isto o que desejo:
Uma noite de luar
No meu canto sertanejo.

Manoel Serrador

*

Sob leis de luz ou treva,
Na vida, seja onde for,
O Espírito só se eleva
Se vive na lei do amor.

Múcio Teixeira

*

Doar consolo a quem
chora nas
trevas da provação.

*

Cada palavra a seu
tempo, cada
assunto em seu lugar.

*

A honra que nos ofertas
de servir em
qualquer parte.

*

Ser apoio que sobe,
para erguer corações
mergulhados na treva.

*

Dar sem compensação
qual a fonte singela.

*

A vida é longa viagem
que se faz, de
prova em prova.

CAPÍTULO 7

Quadros da vida

Para atender a seus filhos
Ateus, rebeldes ou crentes
Deus construiu a verdade
Com mil portas diferentes.

Silveira Carvalho

*

No mundo, ninguém se esqueça
Desta nota estreita e clara:
Toda ideia na cabeça
É ato que se prepara.

Marcelo Gama

*

Um privilégio do bem
Que nos pede refletir:
Usar a dor que se tem,
A fim de melhor servir.

Lobo da Costa

Quase em todos os caminhos,
Com precisão rigorosa,
Onde a descrença acha espinhos,
A esperança encontra a rosa.

LUCANO REIS

*

Riqueza de quem trabalha,
– Tesouro que não se anula –,
Está nas bênçãos que espalha
Não aquelas que acumula.

SYLVIO FONTOURA

*

O amor brilha e se entretece
Com garbos em profusão,
Mas apenas se conhece
Na dor da separação.

AUTA DE SOUZA

*

O ódio dentro da vida,
Essa força triste e cega,
É a cólera reprimida,
Matando quem a carrega.

Gil Amora

*

Dois males vi no caminho,
Flagelando o mundo inteiro:
Um, é a fome de carinho,
Outro, a falta de dinheiro.

Cornélio Pires

*

Há grande abismo a transpor
Na senda do coração
Que vive pedindo amor
E só recebe paixão.

Mariana Luz

*

Apaga-te a trabalhar,
Pelo bem, faze o possível...
O rio que chega ao mar
É grandeza em baixo nível.

Meimei

CAPÍTULO 8

Amor

O amor é a Lei de Deus em toda parte...
Repara, acima, o Sol que se derrama
Em torrentes de luz a sustentar-te,
Tanto quanto apascenta o verme e a lama.

Desce os teus olhos sobre a gleba imensa
E encontrarás cantando, humilde e boa,
A fonte que se dá sem recompensa,
Por sorriso da Terra que abençoa.

A Árvore, além, é a compaixão perfeita
Sem queixar-se da luta que a consome,
Oferecendo a flor com que te enfeita
E dando o fruto que te atende à fome.

Escuta ao pé do berço a melodia
Do sonho maternal que afaga a vela
E segue a rota, plena de alegria,
Da caridade generosa e bela...

Tudo é bondade pura no caminho,
Tudo vibra no anseio de ajudar...
A montanha, a floresta, o campo, o ninho,
O vale, o vento, a escola, o templo e o lar...

Em tudo, o amor sublime anda disperso
Da estrela excelsa, à larva sob o chão.
O amor é mão de Deus sobre o Universo,
Construindo a grandeza e a perfeição.

Assim pois, serve e crê, marchando à frente,
Arrimando-te à fé que não descai
E guardarás o coração contente
Na harmonia da Lei do Nosso Pai.

IRENE S. PINTO

CAPÍTULO 9

Ideal

Ser na esperança a voz do auxílio que se eleva
Na santa compreensão que ampara
[incompreendida...
Ser apoio que sobe, embora na descida,
Para erguer corações mergulhados na treva!...

Ser perdão silencioso à ofensa recebida
E a coragem do bem que ao mal se sobreleva...
Ser bálsamo do irmão que a revolta subleva,
Consolação e fé nas angústias da vida...

Ser socorro e defesa ao trato ainda infecundo
Do sentimento entregue aos sarcasmos do
[mundo,
Ser humilde, paz, devotamento, ensino!...

Dar sem compensação qual a fonte singela!...
Eis o ideal do Cristo, – o Amor que nos revela
O roteiro da luz e a glória do destino!...

Gustavo Teixeira

*

Saber calar para ouvir,
ouvir e saber calar.

*

Toda ideia na cabeça
é ato que se prepara.

*

O Espírito só se eleva
se vive na lei do amor.

*

Usar a dor que se tem,
a fim de melhor servir.

*

Quem faz tudo quanto
quer não faz
sempre o que precisa.

*

Silêncio nos acoberta,
palavra nos põe à vista.

*

Entendendo e
desculpando quantas
vezes for preciso.

CAPÍTULO 10

Variações da mediunidade

Médium de muita cultura
Que vive de lero-lero
Ou fica em zero de estaca
Ou retorna à estaca zero.

*

Mediunidade, a rigor,
Sobre a Terra, onde se estira,
É um talento que o Senhor
Empresta, aumenta ou retira.

*

Médium que deixa o serviço,
Falando em luta na estrada,
Entra em novo compromisso
E acha luta mais pesada.

*

Muito médium que começa
Estourando fantasias
Acaba sempre em promessa
Na brasa de poucos dias.

*

De minha longa jornada
Tenho esta nota do bem:
Mediunidade guardada
Não auxilia a ninguém.

*

O médium desenvolvido
Largando o arado que é seu,
Deixa o mundo, antes da hora,
No tempo que recebeu.

*

O médium que anda à toa
E de si próprio envaideça
Pode ser boa pessoa
Mas tem mosca na cabeça.

*

Chico Xavier

POR ESPÍRITOS DIVERSOS

Médium que sempre duvida,
Vacilando a vida inteira
Parece gangorra viva
Na folha da bananeira.

*

Médium que nunca se apronta,
Para servir por amor,
Um dia, fica por conta
De Espírito obsessor.

*

O médium sem disciplina
Que vive sempre em recreio
Tem pinta de caminhão
Quando está no desenfreio.

*

Grandes médiuns que conheço
Ao defini-los, não erro,
São cofres fartos de ouro
Com grandes trancas de ferro.

*

No intercâmbio entre os dois mundos,
Médium que não se degrade
Parece uma vela acesa.
Nas sombras da Humanidade.

Leandro Gomes de Barros

CAPÍTULO 11

Conversa

Conversa é um anzol que arrasta
As forças em que te entesta,
Tristeza, maldade, festa,
A conversa tudo engasta.

Por mais brilhante ou modesta,
Pequenina quanto vasta,
Faz trevas quando nefasta,
Traz luz quando à luz se empresta.

Toda frase tem resposta...
Usa a palavra bem-posta,
Humilde, nobre, robusta.

Conversa nos põe à vista
E tudo atrai ou conquista,
Pela forma a que se ajusta.

Alfredo Nora

*

No santo esforço
do bem,
nunca discutas em vão.

*

Fraternidade real
é luz de Deus na pessoa.

*

O amor é a mão de
Deus sobre o Universo,
construindo a grandeza
e a perfeição.

*

Tanto amor livre no
mundo e
há tanta falta de amor.

*

O amor é a Lei de Deus
em toda parte.

*

Onde a descrença acha espinhos, a esperança encontra a rosa.

CAPÍTULO 12

Oração da sementeira do bem

Agradecemos, Senhor,
A paz que nos felicita
Na sementeira bendita
Do campo renovador,
A honra que nos ofertas
De servir em qualquer parte,
No anseio de levantar-te
O Reino de Luz e Amor.

Agradecemos o empeço,
A aflição, a pedra, o espinho,
Toda lição do caminho
Erguida em luta ou pesar,
Porque lidando em teu nome
É que encontramos na vida
A alegria indefinida
De entender e auxiliar.

Agradecemos o verbo
Que nos restaura e reanima
A seguir, vereda acima,
Lenindo as dores de alguém,
Toda bênção de socorro
Da mais alta à mais singela,
Em que o Céu se nos revela
Nos companheiros do bem.

Agradecemos as mãos
Que nos estendem na estrada
A roupa ainda mesmo usada,
O leito, o remédio, o pão
A fim de que consigamos
Dia a dia, hora por hora,
Dar consolo a quem chora
Nas garras da provação.

Agradecemos o ensejo
De renovar a esperança
No coração que se cansa
De suportar e sofrer,
O doce consentimento

De ofertar o braço amigo,
Reconhecendo contigo
Que caridade é dever.

Por tudo o que nos concedes
Na construção do futuro,
Pelas bênçãos do amor puro
Que te dimanam do amor,
Por tudo o que nos envias
No trabalho que nos deste,
Em busca do Lar Celeste,
Louvado sejas Senhor!...

IRENE S. PINTO

SEGUNDA PARTE

Eurícledes Formiga

Mais vida

Ninguém fugirá da sorte,
Missão bem ou mal cumprida,
De enfrentar depois da morte,
Bem ou mal, sempre mais vida.

Nem vale ser trapaceiro
No jogo da humana lida.
A Morte vence o parceiro,
Desmascarando-o em mais vida.

É só do tolo inventar
Na morte inútil saída,
Para às tontas tropeçar
Logo adiante em mais vida.

Assim é... quem não aceita
Por pouco tempo duvida.
Arma a cama em que se deita,
Semeou, colhe em mais vida!...

Clóvis Amorim

SÃO PAULO (SP), 21 DE FEVEREIRO DE 1982.

CAPÍTULO 1

Aulas do caminho

Num só barco estamos todos,
Mão segura nos conduz!
Deixa soprar vento forte,
Nosso Piloto é Jesus!

Félix Araújo

*

Nada prova a força bruta,
Na vida metendo os peitos.
Valente mesmo é o que luta
Contra seus próprios defeitos.

Rogaciano Leite

*

O timoneiro seguro
As fúrias do mar enfrenta,
Não teme as ondas no escuro,
Nem o rigor da tormenta.

Cid Franco

*

A lição do lavrador,
Perseverante e seguro:
De manhã cedo ao Sol pôr
Trabalha para o futuro!

Natal Machado

*

Pede controle e atenção
Sob cada experiência.
E é sempre nova a lição
Que trata da paciência.

Antônio Lamego

*

Aquele que se renova,
Sempre a ouvir a consciência,
Não teme o rigor da prova,
Nem testes de paciência.

Murilo Buarque

*

Se alguém te fere, alma boa,
Recorda a lição da Cruz.
O coração que perdoa
Já se entregou a Jesus!

Maria Dolores

*

É a ti que serves também,
Quando serves, companheiro.
É o que acende a luz do bem
Quem se ilumina primeiro!

Cid Franco

*

A maior prova de amor
Do nosso Mestre Jesus
É a lição da própria Dor
No livro Eterno da Cruz!

Antônio Lamego

*

Há certos gestos na vida,
Que a Caridade oferece,
Com muito mais conteúdo
Do que a mais formosa prece.

Antônio Lamego

*

Quem em verdade confia
Em Jesus como o Senhor,
Nenhuma tarefa adia
De caridade e de amor.

Natal Machado

*

Há muita gente egoísta
E tristemente marcada
Que só reza "o venha a nós",
E "a vosso Reino" nada...

Bastos Tigre

*

Há muitas mortes no mundo,
Mas a pior meu irmão,
É a de quem perde o caminho
Do amor em seu coração.

DALMO FLORENCE

*

Pequenos nós somos todos,
Porém não há pequenez
Igual à de quem se julga
Maior do que a vida o fez.

MANUEL DOS ANJOS

*

A vida é como concurso,
Como quer qualquer um faz,
Mas é o mais sério de todos,
Só passa quem é capaz.

SILVINO LOPES

*

Só peço, ao voltar à Terra,
Sem exigir mais vantagem,
Para vencer qualquer guerra,
Muita vergonha e coragem.

Dalmo Florence

Não reclamar porque sofre,
Mas louvar a sua cruz,
É bênção de quem já sabe
Transformar a dor em luz.

Natal Machado

*

Não reclames da ferida
Que assinala tua história.
Conforme a luta na vida,
É o galardão da vitória.

Carlos Gondim

*

Só o Amor faz progredir
Na vida de qualquer um,
Porque ele ensina a servir
Sem interesse nenhum.

ADELMAR TAVARES

*

Sem luta ninguém avança
Na romaria da Luz,
Como não falta esperança
No coração com Jesus.

MEIMEI

*

Quem só na vida descansa
E não quer trabalho duro,
Multiplica em sofrimento
O compromisso futuro.

DALMO FLORENCE

*

O tempo, amigo, não sobra
No lado de cá também,
Se a consciência nos cobra
Maior esforço no bem.

Clóvis Amorim

*

Se a vida fere e magoa,
Ao peso de sua cruz,
Quem ama, sofre e perdoa
Semeia em campos de luz!

Auta de Souza

O remorso inoperante
Que só nos faz lamentar
Não leva ninguém adiante,
Melhor é recomeçar.

Natal Machado

*

É sempre a mesma a atitude
Do preguiçoso comum:
Esperar que Deus ajude,
Esforço próprio nenhum!

TONINHO BITTENCOURT

*

O mais belo compromisso
É do Espírito que vem
Testemunhar em serviço
O aprendizado do bem.

HORÁCIO PAIVA

*

Na morte não há ausência,
Mas uma breve partida,
A interromper a existência,
Que recomeça em seguida.

NATAL MACHADO

*

É sempre graças à vida,
Mesmo ao peso de uma cruz,
Que a alma empreende a subida
De uma montanha de luz.

Félix Araújo

*

Lembro os olhos de Maria
Chorando a dor de Jesus!
Eram duas cacimbinhas
Minando pingos de luz!

Zé da Luz

*

A Luz Divina se faz
Agora em teu coração
Boa irmã é a Dor que traz
A nossa libertação.

Toninho Bittencourt

*

Não dês, amigo, acolhida
À inoportuna tristeza.
Alegria é sol da vida
Mantém essa chama acesa

BELMIRO BRAGA

*

O coração que trabalha
Sob os impulsos do amor,
É como a terra, não falha
Nas mãos do bom lavrador.

CLEÓMENES CAMPOS

*

Intercessora da Luz
Rosa Azul de Nazareth,
A doce mãe de Jesus
É a Estrela de minha fé!

ISABEL VIEIRA DE SERPA E PAIVA

*

Se o desânimo te cerca
E em suas malhas te enfeixas,
Esquece de ti e serve,
Pondo um fim às tuas queixas.

Murilo Buarque

*

A Casa da Caridade
De constante atuação,
Mais que qualquer entidade,
Deve ser o teu coração.

Toninho Bittencourt

*

Viajante de muitas vidas,
É da Lei recomecemos
As obras interrompidas
Com as lutas que mais tememos.

Rangel Coelho

*

Minha Divina Senhora,
Por amor, em vossa mão,
Deixa repousar agora
O meu pobre coração!

Cleómenes Campos

*

Por teus olhos vejo o mundo,
Senhora, com tanto amor,
Que choro de piedade
Por tanta cegueira e dor!

Cleómenes Campos

*

A fim de reerguer-me, luto,
Para prosseguir em esforço.
Hoje entendo que a cruz
Mais pesada é a do remorso!

Natal Machado

*

Quando oramos a Jesus,
Abrindo-lhe o coração,
A prece é um lírio de luz
Que incensa toda a amplidão!

Cipriano Jucá

*

Pobre do irmão que se deixa
Dia a dia a reclamar,
Pois de gota a gota a queixa
Envenena até matar!

Belmiro Braga

*

Ao me despedir do mundo,
Só confiava na luz
Que sempre enxerguei na vida
Pelos olhos de Jesus.

Catulo da Paixão Cearense

*

Ocultamos nossas falhas,
Outros veem, nós não vemos.
É mais fácil ver nos outros
Os erros que cometemos.

Chagas Fonseca

*

Progresso é luta constante
Dinamiza no bem,
Esforço que pela vida
Não se transfere a ninguém.

Natal Machado

*

Semear o bem na vida,
Exercitar a bondade,
É preparar o caminho
Da própria felicidade.

Corrêa Junior

*

Eu canto como o sertão
Nas águas em desafio,
Quando a chuva cai no chão
E vira Poeta-Rio!

Catulo da Paixão Cearense

*

Chega à casa da Fortuna,
Mas devido à afobação,
Mete o pé na porta e cai
E se esborracha no chão.

Silvino Lopes

*

Quando se liga ao Senhor,
O coração de quem ora
Faz da palavra uma flor
Colhida ao frescor da aurora!

Adelmar Tavares

*

Diziam na confusão
Ser causa desconhecida.
Morreu de preocupação
De como viver a vida.

Clóvis Amorim

*

Deus está na flor do campo
Como nas mais belas rosas,
No modesto pirilampo
E na luz das nebulosas!

Adelmar Tavares

CAPÍTULO 2

Súplica

Alegra-me, Jesus, o teu chamado,
Aonde tenha de ir bem pouco importa
Se levar a palavra que conforta,
Se for teu pão de amor por mim levado.

Seja o caminho íngreme, sulcado
Do mais fundo sofrer, se abres a Porta,
Vou reavivar toda esperança morta
No coração que chore desolado!...

Servir-Te é o que amo e me proponho
A realizar, Jesus, o ardente sonho
De dividir-me pelos meus irmãos!

Transforma tua serva dedicada
Na operária por Ti abençoada
E confere serviço às minhas mãos!...

VICENTINA DE CARVALHO

*

Quem ama, sofre e
perdoa, semeia
em campos de luz!

*

Esquece de ti e serve,
pondo um
fim às tuas queixas.

*

É mais fácil ver nos
outros os erros
que cometemos.

*

Na morte não há
ausência,
mas uma breve partida.

*

A casa da Caridade
deve ser teu coração.

*

Alegria é sol da vida,
Mantém essa chama acesa.

CAPÍTULO 3

Coisa igual não te aconteça

Por um momento esperei
Não tivesse acontecido,
Ou não tivesse passado
Naquele beco alongado
Como o sonho mais comprido...

Por um momento não quis
Acreditar isto fosse,
Quer dizer, não fosse sono,
Mas o confuso abandono
Que simples queda me trouxe...

Nada vi, não senti nada,
Naquele vácuo-segundo,
Em que fui, deixei de ser,
Não podia mais me ter
E nada tinha do mundo!

Deslizava como sombra,
Uma sombra ébria, soturna:
Vultos estranhos dançavam,
Como folhas que esvoaçavam
Naquela visão noturna!

Mais tarde, sem despertar,
Antevendo simplesmente,
Entendi que Dona Morte
Com a foice em rápido corte
Me interrompeu bruscamente!

Valoriza mais teus dias!
Coisa igual não te aconteça
Em meio da vida, amigo,
Como aconteceu comigo,
Tonto de alma e de cabeça!

Ruy Apocalypse

CAPÍTULO 4

O viajante eterno

Ergue-se como o véu a Noite da Memória
E desnuda-me o Ser sob as reminiscências.
Desfile singular de história sobre história,
Na estranha reunião de várias existências!

Numa só consciência as demais consciências,
Sombras do mesmo Ser... Que nova trajetória
O Senhor traçará na vida transitória,
Agora, para mim, noutras experiências?

Olho-me interior e múltiplo me vendo,
Clamo: nada atingi daquilo que julgava
Crescer ao meu redor... e eis que sigo
[aprendendo!

Vou com todos em mim renovando os
[esforços,
Pois fomos sempre um só que os séculos
[viajava,
Pelo País da Dor e as terras dos remorsos!

Carlos Benjamin de Viveiros

CAPÍTULO 5

Soneto da confiança

Nenhum nobre ideal jamais floresce
Isento de renúncia desde o início,
Glorificando o próprio sacrifício,
Que em sendo um alto sonho
Em lutas cresce.

Construir é o mais belo e grato ofício
Do homem que o seu destino reconhece;
Sob a Vontade que jamais fenece,
Erguer no Bem seu íntimo edifício!

Por agitar-se o mar, firme-se o leme!
A mão que sabe confiar não treme,
Por mais que o vendaval o barco açoite.

É passageira a nuvem que ameaça,
Brigue de sombra, sorrateiro, passa,
Pressentindo a Manhã no mar da Noite!

Pethion de Villar

CAPÍTULO 6

Décimas para o amor

Amar não é expandir-se
Em termos de exaltação,
Sete cores nas palavras,
Coroando a louvação!
Não é a ardente promessa
Que quase sempre professa
Do sentimento o valor!
Não é nos lábios a jura
Que com certeza assegura
A eternidade do Amor!

Não é o vínculo frágil
Da intempestiva paixão,
Que à maneira como surge
Se desfaz no coração!

Como o sopro da tormenta
Que deixa marca violenta,
Para depressa partir!
Que tem o sentido breve,
Dura o tempo do interesse,
Pois antes que aparecesse
Já começa a ruir!

Não! Não! O Amor verdadeiro
A mais alto nos conduz,
Por estradas de renúncias
Alcatifadas de luz!
É árvore generosa
Na gleba do coração!
Na bênção da Caridade,
Só dá frutos da Bondade,
Só dá flores do Perdão!

Rogaciano Leite

*

Sem luta ninguém
avança
Na romaria da Luz.

*

A vida é como concurso,
só passa quem é capaz.

*

Se alguém te fere,
alma boa,
recorda a lição da Cruz.

*

Conforme a luta
na vida, é o galardão
da vitória.

*

Valente mesmo é o
que luta contra
seus próprios defeitos.

*

A maior prova de
amor é a
lição da própria Dor.

*

Semear o bem na vida
é preparar o caminho
da própria felicidade.

*

Só o amor faz progredir
porque
ele ensina a servir.

O EVANGELHO NO LAR

Quando o ensinamento do Mestre vibra entre quatro paredes de um templo doméstico, os pequeninos sacrifícios tecem a felicidade comum.[1]

Quando entendemos a importância do estudo do Evangelho de Jesus, como diretriz ao aprimoramento moral, compreendemos que o primeiro local para esse estudo e vivência de seus ensinos é o próprio lar.

É no reduto doméstico, assim como fazia Jesus, no lar que o acolhia, a casa de Pedro, que as primeiras lições do Evangelho devem ser lidas, sentidas e vivenciadas.

O espírita compreende que sua missão no mundo principia no reduto doméstico, em sua casa, por meio do estudo do Evangelho de Jesus no Lar.

Então, como fazer?

Converse com todos que residem com você sobre a importância desse estudo, para que, em família, possam compreender melhor os ensinamentos cristãos, a partir de um momento de união fraterna, que se desenvolverá de maneira harmônica e respeitosa. Explique que as reflexões conjuntas acerca do Evangelho permitirão manter o ambiente da casa espiritualmente saneado, por meio de sentimentos e pensamentos elevados, favorecendo a presença e a influência de Mensageiros do Bem; explique, também, que esse momento facilitará, em sua residência, a recepção do amparo espiritual, já que auxilia na manutenção de elevado padrão vibratório no ambiente e em cada um que ali vive.

Convide sua família, quem mora com você, para participar. Se mora sozinho, defina para você esse momento precioso de estudo e reflexões. Lembre-se de que, espiritualmente, sempre estamos acompanhados.

Escolha, na semana, um dia e horário em que todos possam estar presentes.

O tempo médio para a realização do Evangelho no Lar costuma ser de trinta minutos.

---

[1] XAVIER, Francisco Cândido. *Luz no lar*. Por Espíritos diversos. 12. ed. 7. imp. Brasília: FEB, 2018. Cap. 1.

As crianças são bem-vindas e, se houver visitantes em casa, eles também podem ser convidados a participar. Se não forem espíritas, apenas explique a eles a finalidade e importância daquele momento.

O seguinte roteiro pode ser utilizado como sugestão:

1. Preparação: leitura de mensagem breve, sem comentários;
2. Início: prece simples e espontânea;
3. Leitura: *O evangelho segundo o espiritismo* (um ou dois itens, por estudo, desde o prefácio);
4. Comentários: breves, com a participação dos presentes, evidenciando o ensino moral aplicado às situações do dia a dia;
5. Vibrações: pela fraternidade, paz e pelo equilíbrio entre os povos; pelos governantes; pela vivência do Evangelho de Jesus em todos os lares; pelo próprio lar...
6. Pedidos: por amigos, parentes, pessoas que estão necessitando de ajuda...
7. Encerramento: prece simples, sincera, agradecendo a Deus, a Jesus, aos amigos espirituais.

As seguintes obras podem ser utilizadas nesse momento tão especial:

- *O evangelho segundo o espiritismo*, como obra básica;
- *Caminho, verdade e vida*; *Pao nosso*; *Vinha de luz*; *Fonte viva*; *Agenda cristã*.

Esse momento no lar não se trata de reunião mediúnica e, portanto, qualquer ideia advinda pela via da intuição deve permanecer como comentário geral, a ser dito de maneira simples, no momento oportuno.

No estudo do Evangelho de Jesus no Lar, a fé e a perseverança são diretrizes ao aprimoramento moral de todos os envolvidos.

www.febeditora.com.br

/febeditora /febeditoraoficial /febeditora

Conselho Editorial:
Jorge Godinho Barreto Nery – Presidente
Geraldo Campetti Sobrinho – Coord. Editorial
Cirne Ferreira de Araújo
Evandro Noleto Bezerra
Maria de Lourdes Pereira de Oliveira
Marta Antunes de Oliveira de Moura
Miriam Lúcia Herrera Masotti Dusi

Produção Editorial:
Elizabete de Jesus Moreira

Revisão:
Wagna da Silva Carvalho

Capa:
Evelyn Yuri Furuta
Luciano Carneiro Holanda

Projeto Gráfico:
Evelyn Yuri Furuta
Thiago Pereira Campos

Diagramação:
Rones José Silvano de Lima – instagram.com/bookebooks_designer

Foto de Capa:
Acervo Oceano Vieira de Melo

Normalização Técnica:
Biblioteca de Obras Raras e Documentos Patrimoniais do Livro

Esta edição foi impressa no sistema de Impressão pequenas tiragens, todos em formato fechado de 125x175 mm e com mancha de 92x138 mm. Os papéis utilizados foram o Off white 80 g/m² para o miolo e o Cartão 250 g/m² para a capa. O texto principal foi composto em fonte Kepler Std Light 14/16,8 e os títulos em Kepler Std Light Italic 35/34. Impresso no Brasil. *Presita en Brazilo.*